Cette collection est publiée avec l'Université de Lausanne (UNIL)
et sa manifestation Les Mystères de l'UNIL
www.mysteres.ch

Unil

UNIL | Université de Lausanne

Collection
LES MYSTÈRES DE LA CONNAISSANCE

Blaise Hofmann

LES MYSTÈRES DE L'EAU

illustré par Rémi Farnos

LA JOIE DE LIRE

Sommaire

1.
RECHERCHER
LA SOURCE

Cet après-midi-là, je te jure, j'aurais mieux fait de sécher les cours, comme Emma qui a bien ri quand elle a appris que j'avais tiré l'eau – je veux dire : quand elle a appris que l'eau était mon sujet d'exposé.

Je te la fais courte.

Le climat électrique du dernier jour avant les vacances. Une pluie épaisse qui empêche même de rêver par la fenêtre. Et l'aiguille des minutes qui, pour l'occasion, s'aligne sur celle des heures. Maudite horloge, toujours là, suspendue juste en face de moi, cyclope made in China qui se moque de ma petite vie d'écolière… Quand

personne ne parle, le cyclope prend la parole, tic-tac, tic-tac…
et jamais personne ne parle quand Madame Bravache pose une
question. Encore plus quand il est vendredi, qu'il est 15h33 et qu'il
reste exactement 32 minutes avant les vacances.

— Bien. Je vois. Puisque participer en classe ne semble pas être votre
priorité, je vais vous la donner, l'opportunité de vous exprimer !

Elle allume le beamer — ou plutôt : elle tend la télécommande du
beamer à ce fayot de geek de Léo. De l'objectif s'échappe un filet
de lumière. Léo se lève pour descendre le store. On attend tous le
châtiment. Le périphérique recherche la source. Tic-tac, tic-tac.
Le périphérique a trouvé la source. Et tout le monde éclate de rire !

Devant nous, une image de deux mètres sur trois, le fond d'écran
de l'ordinateur personnel de Madame Bravache, un selfie d'elle,
le regard câlin, en compagnie d'un petit chien baveux. Elle rougit,
baisse la tête, double-clique brusquement sur un document. Et
toute la classe cesse de rire. *Liste de thèmes pour les exposés.* Madame
Bravache a repris du poil de la bête.

— Il est indispensable de savoir prendre la parole en public…
blabla… vous responsabiliser dans l'apprentissage… blablabla…
savoir surtout où aller chercher l'information… blablablabla…
bien structurer votre propos…

Personne n'est dupe, Madame Bravache. Nous savons tous
que pour un prof, un exposé signifie surtout : ne rien préparer,
s'asseoir au fond de la classe et faire semblant de prendre des

notes, dissimuler un petit rictus sadique, un œil revanchard, jouir de notre angoisse, de nos gestes fébriles, de nos mots qui cafouillent, bégayent.

Madame Bravache va tirer au sort des prénoms. Chacun son tour choisira un thème. On commence.

Tom ? Heu… la génération Z. Mathis ? Le dopage ! Zoé ? Je vais prendre les avalanches. Théo ? Les multinationales. Camille ? Va pour le réchauffement climatique. Nathan ? Nathan, peux-tu parler plus fort ? Pardon ? Facebook ? C'est noté. Jade ? Il y a énormément de sujets qui m'intéressent mais je crois que je vais prendre la liseuse, Madame. Noam ? La migration ! Léo ? Recyclage. Quentin ? Le féminisme. Louise ? Le véganisme. Léna ? Le terrorisme…

Rien ne m'inspire et je suis contente que mon prénom n'ait pas encore été tiré. La pluie semble avoir cessé. Tic-tac, tic-tac. Un œil discret sur mon téléphone. 16h02. Le cyclope est à l'heure. Encore trois minutes. Naïa ? Je relève la tête. Naïa ? Il ne reste que deux sujets. Naïa, la maladie d'Alzheimer ou l'eau ?

2.
À CONTRE-
COURANT

Il est 19h30 et maman s'offre ce qu'elle appelle *son moment à elle*, une sorte de régression. Affalée sur le canapé en cuir, une couverture grosse maille sur les jambes, Gribouille qui ronronne sur son ventre, un thé menthe qui infuse et l'ordinateur portable sur la petite table du salon, le journal télévisé en streaming... quand soudain... Naïa !

— Viens vite, Naïa ! Mais qu'est-ce que tu fabriques, magne-toi, Naïa !

J'entends de petits pas nerveux dans le couloir. La porte de ma chambre s'ouvre brusquement. Je cache mon téléphone. Juste à temps. Elle me prend par le bras... Viiiite !

Et nous voilà toutes les deux sur le canapé en cuir devant le journal télévisé. (A-t-elle vraiment interrompu une session FaceTime avec Emma pour que je regarde un vieux monsieur résumer l'actualité ?)

« ... et voilà l'homme du jour, le Professeur Dubrochet, lauréat du prix Nobel de chimie ! »

Comme à son habitude, maman commente les informations. On se fout pas mal de la chimie! Ce n'est pas la découverte du professeur qui les intéresse! L'ont-ils seulement comprise? S'il est invité, c'est qu'il vit ici, à quelques kilomètres. Il a grandi dans la région. Il en a du reste l'accent. Alors, quelle fierté, quelle gloire de compter parmi nous un Prix Nobel!

« … on le retrouve en direct de l'université où il a travaillé pendant plus de trente ans… »

C'est fou. Au réveil ce matin, ce type était encore un parfait inconnu. Ses voisins ignoraient tout de ses recherches. C'était un écolo passionné de nature, un retraité qui aimait refaire le monde, un Professeur Tournesol toujours un peu dans la lune. À 75 ans, il se promenait tranquillement en ville sur son vieux vélo avec son casque et son sourire.

Le 4 octobre 2017 à 10h50 exactement, il est devenu une star.

Il ressemble comme deux gouttes d'eau aux savants des dessins animés. C'est le grand-père qu'on aimerait tous avoir. Une petite barbiche blanche en pagaille. Les yeux bleus d'un gamin émerveillé. Un front dégarni, quelques cheveux blancs et beaucoup de matière grise. Une tête, un ciboulot, un puits de science !

À l'écran, on le voit d'abord un brin embarrassé en présence de jeunes qui se prennent en photo avec lui. On le voit s'en mettre plein sa chemise en sabrant le champagne. On le voit bafouiller devant ses collègues quelques mots de remerciement et de reconnaissance. Il ne se prend pas au sérieux. Il ne sait pas trop comment tenir le micro. Il ne tient pas en place, il fait un pas en avant, un pas en arrière. Il est attachant, avec ses grands yeux, ses silences, son enthousiasme, son naturel. Il ne regarde pas le journaliste qui l'interroge, il est tout à fait dans ce qu'il dit.

Il dit que nous sommes faits de flotte.

Il dit qu'il a reçu le Nobel pour avoir inventé… l'eau froide.

Comment t'expliquer l'invention qui l'a nobélisé, la vitrification de l'eau ?

Pour observer des petits trucs minuscules du corps humain, on utilise depuis longtemps un microscope électronique. Ces machines fonctionnent en envoyant des électrons (des tout petits bouts d'atome) contre le truc en question. Seulement voilà, ces électrons ne peuvent pas traverser l'air. Il faut donc mettre sous vide le truc minuscule (comme on met sous vide la viande dans les supermarchés). Le problème, c'est qu'en le mettant sous vide, n'importe quel petit truc minuscule du corps humain se déshydrate (perd toute son eau). Et sans eau, ce n'est plus vraiment un morceau d'être vivant, puisque le corps humain est à 65% constitué d'eau.

Un jour, un peu par hasard, le professeur a plongé un petit peu d'eau dans du gaz naturel liquide très froid, à -195°C, et... surprise ! L'eau s'est soudain vitrifiée, c'est-à-dire qu'elle est devenue glace, tout en restant de l'eau. L'eau était solide mais sans petits flocons, sans petits cristaux.

AH-AH ! s'est exclamé le chercheur. N'importe qui aurait dit : Zut, le microscope est foutu, il ne me montre plus ce que je devrais voir, je vais demander un crédit pour en racheter un ! Le professeur, lui, a pensé : J'ignore ce qui s'est passé mais tout cela est bigrement intéressant, il faut absolument que j'en parle à mes collègues !

Pendant une dizaine d'années, il a essayé de comprendre ce qui s'était passé, puis, une autre dizaine d'années durant, il a cherché à convaincre son entourage que sa trouvaille était importante.

Désormais, grâce à lui, il est possible d'observer la vraie vie en minuscule avec un microscope électronique. De grandes avancées ont pu être réalisées, notamment dans l'étude de la maladie d'Alzheimer.

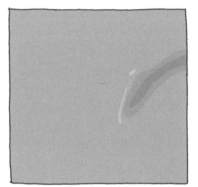

3.
L'EAU DU
BRONTOSAURE

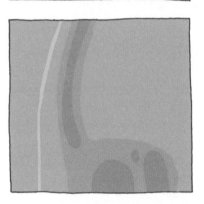

Je ne suis finalement pas si mal tombée. L'eau, c'est sacrément beau quand la pluie de la veille s'est transformée en lac printanier. Ce matin, j'ai enfilé de bonnes chaussures. J'ai suivi les rives du lac et le conseil du Professeur Dubrochet, aller à contre-courant : j'ai décidé de remonter *ma* petite rivière, la Chamberonne.

L'eau comme fil conducteur.

Mon téléphone vibre, je le mets en mode avion et admire l'embouchure de la rivière. La nature entière semble se dire qu'il est temps de tout donner. C'est plein d'odeurs, d'oiseaux et de couleurs. Pour peu, on entendrait l'herbe pousser, les bourgeons craquer. Le ciel bleu donne envie de se baigner dans le lac, mais mieux vaut encore le laisser aux cygnes.

À ce sujet, ne t'es-tu jamais demandé comment les cygnes parviennent à voler ? Cet oiseau-là doit peser dans les vingt kilos, et tout d'un coup, il marche sur l'eau, mieux que Jésus, il court, il prend de la vitesse et se retrouve dans les airs…

Et pourquoi les cygnes flottent-ils si facilement ? Ce doit être comme pour les bateaux, mais là aussi, je peine à comprendre : comment d'immenses paquebots pleins de restaurants, de salles de cinéma et de casinos peuvent-ils flotter ? Et surtout, pourquoi moi qui suis si légère, si je me mettais en boule comme un cygne, je coulerais lamentablement. Si j'essayais de rester à la surface, je serais épuisée en quelques minutes. Le cygne, lui, nage bien droit, sans aucune marque de fatigue, il avance lentement et me nargue comme l'aiguille des minutes du cyclope made in China de Madame Bravache.

Tout près du petit pont de pierre de l'embouchure, je m'assieds, j'enlève mes chaussures, mes chaussettes. Je suis tout entière dans le bruit des vagues qui jouent avec les galets, tout entière dans les conversations des passants, ceux qui promènent des bébés, des chiens, des personnes âgées, des amoureuses ou des amoureux. Moi, je ne fais rien, absolument rien.

Et chaque fois que je ne fais rien, c'est la même chose : les questions pleuvent. C'est comme ces petits enfants qui te submergent de *pourquoi* à longueur de journée. Sauf que ça se passe à l'intérieur de moi.

POURQUOI L'EAU EST-ELLE BLEUE ?

L'EAU EST TRANSPARENTE, NON ?

ET ÇA M'ÉTONNERAIT QUE LE FOND DU LAC SOIT BLEU...

ET SI L'EAU EST TRANSPARENTE, POURQUOI JE N'ARRIVE PAS À VOIR CE QUI SE PASSE AU FOND ?

SI LE LAC EST BLEU, C'EST PEUT-ÊTRE QUE LE CIEL SE REFLÈTE DEDANS, MAIS POURQUOI RESTE-T-IL BLEU FONCÉ QUAND LES NUAGES SONT GRIS ?

POURQUOI LES LACS SOUTERRAINS, DANS LES GROTTES, SONT-ILS AUSSI BLEUS ?

POURQUOI LES NUAGES, QUI SONT FAITS DE VAPEUR D'EAU, SONT-ILS GRIS ? POUR PARAÎTRE PLUS TRISTES ?

ET POURQUOI, AU SOMMET DES MONTAGNES QUE L'ON VOIT DEPUIS ICI, CETTE MÊME EAU, SOUS FORME DE NEIGE, EST-ELLE BLANCHE ?

POUR FAIRE DE PLUS JOLIS BONSHOMMES DE NEIGE ?

COMMENT SE FAIT-IL QUE LA PLUIE QUI TOMBE DEVIENNE NEIGE QUAND IL FAIT FROID ?

A-T-ELLE UN THERMOMÈTRE À BORD QUI LUI ORDONNE DE SE DÉGUISER EN FLOCON ?

POURQUOI L'EAU DU LAC NE S'INFILTRE-T-ELLE PAS DANS LE SOL, COMME UNE FLAQUE APRÈS LA PLUIE ? POURQUOI LE LAC RESTE-T-IL LÀ, ÉTÉ COMME HIVER, TOUJOURS AU MÊME NIVEAU ?

ET D'OÙ VIENT TOUTE CETTE EAU ?

IL Y A LA PLUIE QUI ARRIVE LÀ PAR LES FLEUVES, RIVIÈRES ET RUISSEAUX.

IL Y A AUSSI LA NEIGE QUI FOND ... MAIS ALORS, SE PEUT-IL QUE L'ON SKIE EN HIVER SUR LA MÊME EAU QUE CELLE DANS LAQUELLE ON SE BAIGNE L'ÉTÉ ?

FORCÉMENT, OUI.

En poursuivant ce raisonnement, et puisque l'eau de mon lac descend vers la mer via le Rhône, cela signifie donc que l'on fait du ski nautique à Marseille sur une eau qui fut neige à Chamonix, non ?

Et puis, puisqu'il y a un fleuve qui se jette dans ce lac, et un fleuve qui en ressort, cela veut dire que le lac se déplace lentement, comme un fleuve immense. Alors combien d'années faut-il pour changer toute l'eau du lac, comme je change l'eau de mon aquarium ?

Pourquoi la mer est-elle salée et pas mon grand lac ?
Pourquoi des marées là-bas et pas ici ?
À qui appartiennent les poissons ?
À qui appartient l'eau ?

Comprends-tu maintenant pourquoi j'ai parfois de la peine à m'endormir le soir ?

Ferme les yeux.
Respire un bon coup.
Rouvre les yeux.
C'est bon.

Plus aucune question à l'horizon. Si ce n'est l'envol d'un canard blanc, peut-être bien un cygne. Signe qu'il est temps de faire meilleur usage de ma journée. De me rechausser et rejoindre l'espèce humaine qui passe du bon temps dans le parc Bourget.

Ce sont les premières grillades de l'année. Les gens redécouvrent l'herbe, les arbres, le ciel. Surtout ceux qui vivent dans la cité HLM voisine. Pas drôle de passer l'hiver enfermé dans un trop petit appartement. Surtout quand on est né dans un pays sans hiver. J'aime beaucoup ce parc. Les gens viennent de tous les continents. Ils passent leur propre musique, souvent très fort, cuisinent leurs propres recettes, couscous ou patates douces, agneau ou poisson (de ces poissons morts qui vont avec le courant), ils chantent, rient, dansent, et ne boivent pas que de l'eau.

— Excuse-moi, tu aurais une minute pour répondre à des questions ?

Je n'ai pas le temps de lui dire que justement, moi aussi, je cherche des réponses à mes questions… Il étudie la géographie à l'université voisine et mène une enquête sur la rivière. Il me tend le questionnaire. Il insiste un peu.

Il a de très beaux yeux alors…

Genre : **féminin**

Année de naissance : **2006**

Catégorie professionnelle : **autre (écolière)**

Vous êtes-vous déjà rendu-e au bord ou à proximité de la Chamberonne ? **oui**

À quelle fréquence ? **toutes les semaines**

Qu'y faites-vous, et à quelle fréquence ?

 - Lire, réviser, écrire : **jamais**

 - Admirer le paysage : **très souvent**

 - Manger, prendre l'apéro : **j'ai 12 ans...**

 - Me promener : **souvent**

 - Faire du sport : **très rarement**

Comment qualifieriez-vous la Chamberonne ?

 - Naturelle (par opposition à artificielle) : **très naturelle**

 - Belle (par opposition à laide) : **très belle**

 - Propre (par opposition à polluée) : **très propre…**

Je lui rends ma copie et demande si j'ai bien répondu. Il a le même petit rire insupportable que mon père, lorsque je dis une bêtise. Il me dit qu'il n'y a pas de bonnes ou de mauvaises réponses. Qu'il essaie simplement de savoir comment les gens *voient* cette rivière. Et comment je vois cette rivière…

— Et ?

— Il n'y a plus rien de naturel ici !

— Et ces grands arbres, cette rivière, ces cygnes ?

— Les cygnes n'ont rien à faire là. Ce sont des oiseaux d'ornement qui ont été introduits ici au début du 19ᵉ siècle et qui se sont bien acclimatés. Quant à la Chamberonne, elle faisait ici de jolis méandres. Maintenant, elle est toute droite, endiguée, bordée par un parking, un chemin goudronné et un complexe sportif. Frotte un peu la mousse de la rive, tu ne trouveras que du ciment.

— D'accord, mais c'est quand même vert, et puis il y a le parc Bourget.

— Il y a un siècle, le delta de la Chamberonne était un immense marais. Le parc porte le nom de celui qui, vers 1920, a totalement remodelé le paysage, asséché le terrain, coupé les arbres et planté du gazon, un certain Louis Bourget.

— …

— C'est dommage parce qu'on dit que ces zones humides sont les reins de la terre. Elles filtrent les polluants, retiennent les engrais, régulent les crues des rivières. Elles offrent aussi une immense biodiversité de plantes, d'insectes, de poissons, d'oiseaux… Voilà pourquoi je réalise cette étude. On aimerait bientôt *renaturer* l'embouchure de la Chamberonne et…

— Renaturer?

— Oui, revenir en arrière en quelque sorte. Le problème, c'est que pour les gens, elle est déjà *naturelle*, parce qu'ils la comparent à la ville, aux immeubles, aux trottoirs, aux bruits de moteur, à l'asphalte. Ici, c'est vrai, on peut se coucher dans l'herbe, écouter les oiseaux, se promener dans la forêt, pêcher la truite… C'est ça, leur nature : un environnement dompté, avec des sentiers, des bancs, des pelouses. Ils n'aiment pas la boue, les mares, les ronces, les insectes… bref, ils n'aiment pas vraiment la nature.

— Si j'ai bien compris, on a le choix entre une rivière en toc pour les humains et une rivière naturelle, mais fréquentée uniquement par les animaux…

— Aujourd'hui, on dessine les rivières en fonction des hommes. Tiens, par exemple. Le club nautique de l'embouchure souhaite en permanence trente centimètres de fond pour pouvoir remonter la rivière en kayak. Le club de foot voisin ne veut pas entendre parler d'un risque d'inondation, tout comme une fondation, en amont, qui conserve ses archives au sous-sol. La garderie de l'université veut, quant à elle, des aménagements sécurisés, des sentiers avec barrières. Les étudiants aimeraient plus de bancs permettant de réviser…

— C'était mieux avant, quoi.

— Même pas. Avant le charbon et le pétrole, il y avait à deux pas d'ici une papeterie, une forge et une blanchisserie, reliées à la rivière par un canal, qui utilisaient la force de l'eau.

— Et aujourd'hui ?

— C'est surtout un paysage. Quoique. Tu vois le terrain de foot, là-bas ? Imagine que sous la pelouse, il y a une immense conduite pour transporter de l'eau qui est pompée dans le lac à une profondeur de 70 mètres ! Les conduites amènent cette eau très froide jusque dans les bâtiments de l'université pour refroidir l'air et climatiser les locaux… Une fois tempérée, l'eau utilisée est recrachée dans la Chamberonne. Et c'est dingue! Grâce à cette eau pompée au fond du lac, la toute fin de la rivière est un peu moins polluée qu'en amont…

PARCE QU'EN PLUS DE NE PAS ÊTRE NATURELLE, LA CHAMBERONNE N'EST PAS PROPRE ?!?

Si j'avais su.

Je *googlise* ma petite rivière.

« La Chamberonne : le pire a été évité ! »

Le 10 octobre 2017, un liquide noir et gluant a été déversé dans la rivière. La police a disposé un barrage de bouées. De la tourbe a été saupoudrée pour absorber le produit. L'origine de la pollution a été localisée après quelques jours dans une surface industrielle, en sous-sol d'un immeuble loué par un garagiste indépendant qui a déversé plusieurs dizaines de litres d'huile de vidange dans une grille qui donnait sur une canalisation se jetant dans la rivière.

L'étudiant se tait brusquement. Il se fait timide. Son professeur nous a rejoints. Il semble très touché par notre petit échange. Il se présente : Professeur Veinard.

— Enchantée, Naïa !

Avec son sac à dos de randonneur, sa chemise à carreaux, ses pommettes de bon vivant, ses lunettes ovales et ses yeux rieurs, il ne ressemble pas à l'image que je me faisais d'un professeur d'université. Il sort de son sac un petit calepin et note quelques mots. Je crois bien que je m'apprête à recevoir mon premier cours universitaire...

— Les hommes ont toujours choisi de vivre près de l'eau, pour la boire, se laver, pour irriguer leurs champs, nourrir leurs animaux, se déplacer en bateaux, transporter leurs marchandises, utiliser son énergie et faire tourner des machines... Les plus vieilles civilisations –la Chine et son fleuve Jaune, l'Égypte et son Nil, la Mésopotamie et son Tigre, son Euphrate– ont vu le jour sur le bord des fleuves et dans les plaines fertilisées par leurs limons. Tu me suis ?

Je n'ose pas lui répondre que c'est clair comme de l'eau de roche.

— Aujourd'hui, on dirait que l'eau n'est là que pour faire joli. Des rivières pour les promenades. Un lac pour la baignade. La mer pendant les vacances d'été. La neige pour Noël. L'eau potable coule de n'importe quel robinet. L'eau chaude aussi. Et pour évacuer nos déchets, on tire la chasse, ni vu ni connu... Même la pluie ne tombe que pour embêter ceux qui ont prévu une activité extérieure !

Pourtant, imagine. Il pleut, et ensuite ? Que font ces gouttes d'eau ? Elles ne se perdent jamais. Leur mémoire est infaillible. Elles empruntent toujours le même chemin. Je peux te dire avec certitude que la Chamberonne est constituée d'eaux de pluie tombées quelque part plus au nord sur un *bassin versant* de 39 km^2 (environ 5 000 terrains de foot). Toute l'eau qui ruisselle sur cette surface va forcément un jour ou l'autre franchir le petit pont de pierre que tu vois là-bas... et finir quelques jours plus tard dans la mer Méditerranée, via le Rhône !

Par contre, la pluie qui tombe 50 kilomètres plus au nord suivra le Rhin et finira aux Pays-Bas, dans la mer du Nord. À 200 km plus à l'ouest, elle ira rejoindre la Loire, puis l'océan Atlantique. Et à 400 km plus à l'est, la pluie voyagera même jusqu'à la mer Noire, via le Danube !

On représente toujours l'Europe avec ses pays mais ce serait bien plus naturel de la dessiner en fonction de ses *bassins versants*, en fonction de l'itinéraire des eaux de pluie.

— L'eau est fascinante.

Les gouttes de ce lac ont été vapeur dans les nuages, pluie en plaine, neige dans les montagnes. On y trouve aussi un petit bout de ces vieux glaciers alpins. Et s'il y a de l'eau de glacier… cela veut dire qu'il y a devant toi de l'eau qui est tombée du ciel il y a des centaines de milliers d'années !

Plus fort. Souviens-toi de tes cours de sciences naturelles : *le cycle de l'eau*. Il y a la pluie qui tombe du ciel, puis les ruisseaux qui deviennent fleuve et finissent dans la mer. Une partie de la mer s'évapore, devient vapeur, rejoint les nuages. Le vent pousse ces nuages qui échouent contre les montagnes et se transforment à nouveau en pluie. Ainsi, une partie de l'eau de ce lac… a déjà connu la mer !

Tu me suis toujours ?

Encore plus fort. Peut-être te demandes-tu pourquoi la vapeur d'eau des nuages ne se perd pas dans l'espace… C'est grâce à l'atmosphère de la Terre, cette immense masse d'air qui reste collée à notre planète. Ainsi, les vapeurs d'eau ne se perdent jamais dans l'univers. Rien ne se perd ! Il y a toujours la même quantité d'eau sur Terre. L'eau ne fait que pleuvoir et s'évaporer et pleuvoir et s'évaporer… d'année en année, de siècle en siècle, de millions d'années en millions d'années…

Tu vois où je veux en venir ?

S'il n'y a pas de perte, si l'eau est toujours la même, c'est donc qu'il y a dans ce lac de l'eau qui a un jour été bue par un tyrannosaure, un diplodocus ou un brontosaure !!!

On continue ?

Imagine. Il y a 25 000 ans. Que verrions-nous ici ? Rien ! Nous bavarderions sous un kilomètre de glace ! Il y a 25 000 ans, le glacier du Rhône allait jusqu'à Lyon ! Il s'est maintenant retiré à près de 200 kilomètres de là, et ne mesure plus que 8 kilomètres de long. Le glacier n'est plus là mais regarde, là-bas, juste derrière la bibliothèque de l'université, tu vois cette colline couverte d'arbres ? C'est une ancienne moraine, une crête qui bordait le glacier du Rhône il y a 15 000 ans ! Et puis le glacier a fondu, il a commencé à rétrécir, à se retirer, à ne laisser derrière lui que des moraines, le lit d'un fleuve qui porte son nom et ce lac, un lac qui n'a cessé de perdre de la profondeur.

Du temps où les Romains en voulaient à Jésus, le niveau du lac était 3 mètres plus haut. On le sait grâce aux ruines du port romain qui se trouve à un kilomètre de là…

Et tu vois cet immense arbre à gauche de la bibliothèque ? La légende dit que ce chêne a été planté le 12 mai 1800 pour honorer le passage à cet endroit de Napoléon Bonaparte accompagné de 40 000 hommes en route pour l'Italie. Ce chêne aurait donc bu de l'eau de pluie vieille de deux siècles…

J'ai l'impression de sortir d'une salle de cinéma. Je ne peux pas dire si j'ai vraiment aimé le film, si j'ai tout compris. Une chose est sûre, je ne verrai plus jamais ma petite Chamberonne comme avant.

— À tout hasard, connaîtriez-vous le Professeur Dubrochet?

Un large sourire illumine le visage du Professeur Veinard. Il lui a justement consacré sa dernière chronique publiée dans *Le Nouvelliste*. Il me donne le lien:

« … le professeur met en avant trois qualités fondamentales
que tout chercheur devrait entretenir :
la passion, l'humilité et l'importance du travail collectif. »

4.
RIVAUX
ET RIVERAINS

Depuis toute petite, on m'aurait donc menti ? Serais-je victime d'un affreux complot ? Toutes mes certitudes tombent à l'eau. Eux le savaient, moi pas : je me promène depuis toujours dans un décor de cinéma. Tout est *fake*. Tout a été modelé, aménagé, recréé par l'homme pour l'occasion : le tracé rectiligne de la rivière, son sentier sécurisé, la plantation et l'entretien de la forêt, la création du parc et l'importation des cygnes...

Courage, fuyons !

À quelques pas plus en amont, la Chamberonne disparaît sous la grande route. Je la quitte des yeux, le temps d'un passage piéton, pour la retrouver de l'autre côté, là où commence le campus de l'université.

Prairies fleuries. Moutons qui paissent. Hôtels à insectes. Terrasses au soleil. Tournées de cafés et de cigarettes. Je ne voyais pas les études comme ça.

La Chamberonne réalise ici le rêve de tout écolier et de tout étudiant : suivre son cours sans quitter son lit.

Je passe sous un immense séquoia (c'est écrit dessus), franchis un petit pont de bois qui enjambe la rivière, emprunte un sentier bordé de marronniers, de frênes, d'érables, de platanes et de charmes (c'est aussi écrit dessus).

De retour dans la forêt, j'entends le cri d'un animal, *khrûh…khrûh…* Un cri rauque, strident, répétitif, rappelant le ronflement d'un dormeur. Je marche sur la pointe des pieds, me rapproche, pas à pas, comme un chasseur… et tombe sur… sur un homme qui fait de petits cris, *khrûh, khrûh…*

Je lui demande si tout va bien.

Il met son index devant la bouche pour me faire taire, *khrûh, khrûh…*

Si Emma était là, quel fou rire… *khrûh, khrûh…* mais Emma n'est pas là et je dois tirer une sacrée tête parce qu'au bout d'un moment, l'homme se retourne vers moi, surprend mon visage ahuri, se détend et s'excuse: il chuintait. C'est-à-dire qu'il hululait. Il imitait le cri de la chouette effraie pour l'attirer, *khrûh, khrûh…*

Je n'ose pas lui raconter la blague du hibou que l'on plonge dans de l'eau bouillante, et du coup… hibou.

Il s'appelle Roulis, professeur ordinaire au département d'écologie et d'évolution de la Faculté de biologie et de médecine, bref, il étudie la nature. C'est le spécialiste mondial de la chouette effraie.

J'ignorais que chaque animal avait son spécialiste mondial, et brûle maintenant d'envie de rencontrer le spécialiste de la carpe, celui du phasme, du pangolin…

Quand je lui demande ce qu'il est en train de faire, il me propose de lui dire *tu*. Il réalise un *Atlas de la biodiversité du campus*. Il me regarde droit dans les yeux. Des yeux intenses, des yeux de chouette effraie. Il me retourne la question. Il parle vite, très vite, et fait de grands gestes avec les mains. Il trouve super, vraiment super de venir sur le terrain pour préparer un exposé sur l'eau!

— Viens voir!

Nous remontons la rivière sur une centaine de mètres jusqu'à une petite chute d'eau qui a la forme d'un escalier pour géant. Surprenant, non? L'eau dégringole sur plusieurs paliers hauts d'une quarantaine de centimètres. À quoi cela sert-il?

— C'est pour les truites. Ces poissons vivent le plus souvent dans le lac mais remontent la rivière chaque hiver pour se reproduire. Hélas, comme tu le vois, les hommes ont fabriqué un obstacle infranchissable, un mur de deux mètres. C'est pourquoi on a récemment construit une *passe à poissons*, des marches qui vont rendre à nouveau possible cette remontée de rivière. Et là, tu vois ce tronc? Tu ne remarques rien?

— On dirait un gros crayon mal taillé…

— Ce saule a été rongé par un castor! On n'en avait plus vu ici depuis un siècle et demi! Le rongeur faisait trop de dégâts. L'homme l'avait massacré. Depuis les années 1950, on a commencé à le réintroduire. Et voilà la preuve qu'il est bien revenu! Et là, tu as entendu? C'est le cri de la sittelle torchepot! Ce petit oiseau se plaît beaucoup ici, surtout grâce aux nichoirs posés dans les environs…

— C'est donc uniquement l'homme qui fait la pluie et le beau temps autour de la Chamberonne?

— Sais-tu d'où vient le nom « Chamberonne »?

Pourquoi les professeurs d'université répondent souvent à une question en posant une autre question?

— En patois, *chamberot* signifie « écrevisse ». C'était donc la *rivière des écrevisses*. Ses eaux étaient peuplées de petites écrevisses à pattes blanches, une espèce indigène. Eh bien… il n'y en a plus aucune ! Elles ont toutes été décimées par une maladie apportée par deux autres sortes d'écrevisses… introduites par l'homme ! Je réponds à ta question ?

Le Professeur Roulis manque de glisser en rejoignant le lit de la rivière. Il me tend la main, m'aide à descendre à mon tour. Il soulève au hasard trois grosses pierres, les retourne et me montre leur face immergée.

— Il y a surtout ici des vers de vase, et là, quelques trichoptères. Peu de quantité, très peu de diversité. Si on avait retourné ces trois pierres il y a un siècle, on aurait trouvé plein de petites bêtes, des larves d'insectes, des mollusques, des petites crevettes d'eau douce, des mouches de mai… Pas besoin d'éprouvettes, de microscopes et de laboratoires. Ces quelques vers de vase signifient que la qualité de l'eau n'est pas bonne. Observer la petite faune des rivières suffit à évaluer la qualité de l'eau et lui donner une note : de très mauvaise (1) à excellente (20). À cet endroit, la Chamberonne n'a que 8 sur 20…

Quoi ? Les rivières ont aussi des notes ? Je n'ose pas lui demander s'il existe pour elles des tests de rattrapage, des moyennes de classe, des examens, des redoublements, des cérémonies de fin d'année…

— Accroche-toi à mon sac pour remonter !

En plein effort, et très concentrée pour ne pas finir dans l'eau, je remarque sur la bretelle de son sac à dos un pin's où figure une chouette qui tient un brin d'olivier dans son bec :

OWLS KNOW NO BOUNDARIES
chouettes sans frontières

Il me dit que parfois, le chercheur doit se mouiller, ne pas stagner et se jeter à l'eau! Il me raconte une histoire, son histoire, qui est très belle.

Il était une fois une terre désertique traversée par une seule rivière, le Jourdain.

Une rivière pour abreuver le bétail, cultiver les légumes, les fruits, les céréales.

Une rivière traversant, hélas, une zone de conflits. Rive droite, l'État d'Israël et la Palestine s'opposent depuis quatre-vingts ans (l'âge de grand-papa). Rive gauche, la Syrie n'est plus qu'une ruine…

Les mots « riverain » et « rival » ont la même racine : *rivus*, qui signifie en latin « rivière ».

Il était une fois, et il est toujours aujourd'hui, une terre désertique nourrie par une seule rivière, secouée par plusieurs conflits humains, une terre dont le principal problème pour les paysans reste pourtant... les souris !

Pour éviter que leurs terres soient ravagées par des hordes de rongeurs, les cultivateurs ont répandu des tonnes de poison, de pesticide... jusqu'au jour où des paysans israéliens ont décidé de remplacer ces produits chimiques par un animal prédateur... devine lequel ?

La chouette effraie !

Pas bête, puisque c'est gratuit, qu'il suffit de construire quelques nichoirs, et qu'une seule famille de chouettes mange chaque année 6 000 souris !

Le problème, c'est que – comme le pin's du professeur l'indique – les chouettes ne connaissent pas les frontières. Elles traversent ainsi volontiers le Jourdain pour se rendre en Jordanie ou franchissent le mur de huit mètres de haut bâti sur la frontière israélo-palestinienne.

Second problème, la culture populaire des habitants arabes de la région considère ces chouettes comme des oiseaux de malheur, des monstres nocturnes au cri effrayant, des spectres blancs comme des fantômes... une espèce qu'il faut au plus vite abattre !

C'est là que le Professeur Roulis intervient, en sa qualité d'observateur neutre, de scientifique étranger. Il traverse et retraverse le Jourdain, passe et repasse les frontières, comme ses chouettes, et convainc tous les paysans de travailler ensemble.

Gagné! Depuis plusieurs années, grâce à sa chouette et malgré la guerre, des Israéliens collaborent avec des Palestiniens et des Jordaniens !

Une rivière, c'est souvent un obstacle. C'est parfois aussi un trait d'union entre deux rives, un lien continu entre la source et l'embouchure.

C'est peut-être un coup d'épée dans l'eau mais... en marge de son métier de biologiste, le professeur a contribué, à son échelle, à dépolluer les rives du Jourdain et apaiser le conflit israélo-palestinien, tout cela grâce à son *khrûh, khrûh* !

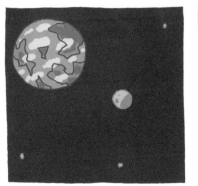

5.
L'EAU
BÉNITE

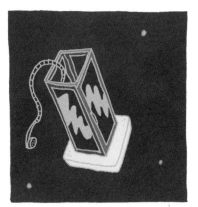

C'est le Jourdain qui m'a mis la puce à l'oreille. Ou l'eau à la bouche. Ce nom m'a rappelé mes cours d'histoire religieuse, la Bible, le baptême du Christ...

— Eh bien, tu devrais aller bavarder avec mon ami, le Professeur Brumaire, spécialiste de « l'invention de Dieu » ! Pour cela, tu retraverses la Chamberonne, tu quittes les *sciences dures* et rejoins les *sciences humaines*. Tu le trouveras dans le grand bâtiment en face du séquoia.

Quelques pas solitaires et les questions me rattrapent, mais déjà, me voilà comme Jonas dans le ventre de la baleine, à l'intérieur d'un immense sanctuaire consacré à la connaissance, un bâtiment monumental nommé ANTHROPOLE, succession d'escaliers imbriqués, de dédales symétriques et de couloirs labyrinthiques. Comme une brebis égarée, je ne dois mon salut qu'à un marchand de livres qui m'indique où se trouve la Faculté de théologie et de sciences des religions : tout en haut, au 5ᵉ étage, au plus près de Dieu !

5031, 5029, 5027, 5025... ah, enfin :

Bureau 5023
Institut des sciences bibliques
Professeur Brumaire

Je frappe à la porte, et en même temps que je frappe à la porte, je réalise que d'habitude, je n'adresse jamais la parole aux inconnus, alors soudain, devant la porte close d'un éminent théologien que je ne connais ni d'Ève ni d'Adam, je prie pour que ce bureau soit vide...

Le grincement d'une chaise. Le calvaire commence. Des frottements de semelles. L'impression d'être jetée dans la fosse aux lions. La poignée de la porte... Un petit homme élégant. Une voix brumeuse, impénétrable.

— Que puis-je pour vous ?

— Me… me parler d'eau.

Il y a un grand silence qui hésite à prendre la parole et me donne envie de disparaître.

— Me parler… me parler du Jourdain.

Il me dévisage d'abord (je baisse les yeux et m'aperçois que mes chaussures sont crépies de boue), m'invite à bien vouloir prendre place. On dirait une cellule de moine, avec des centaines de livres alignés le long des deux murs latéraux. Certains portent son nom. Je n'en comprends même pas le titre. *Deutéronome. Pentateuque. Exégèse.*

— Vous aimeriez boire quelque chose ? Non ? Le Jourdain, vous dites… Regardez par la fenêtre. Vous voyez cette rivière ? Je dis toujours à mes étudiants qu'au milieu de l'été, le Jourdain n'est pas plus profond que la Chamberonne. Lorsque les Hébreux ont gagné leur Terre Promise en franchissant le Jourdain, il n'y avait pas de quoi jouer les héros…

— …

— La dernière fois que je me suis rendu en Israël, j'ai découvert le *tourisme du baptême.* Chaque année, ils sont un demi-million à faire le pèlerinage de Yardenit, sur le Jourdain, à l'endroit supposé du baptême du Christ. Il y a douze bassins pour répondre à la demande. C'est ouvert sept jours sur sept. Pour dix dollars, on

vous prête une robe baptismale, toute blanche, on vous fait le rituel et on vous remet un authentique certificat de baptême.

— …

— En vérité, mes collègues et moi pensons que le Christ a été baptisé 200 kilomètres plus au sud, à Qasr Al Yahud… Il s'agit là de terres palestiniennes… et le Jourdain y est fortement pollué par les eaux usées… Il y a aussi un site concurrent, à Béthanie, sur la rive jordanienne… c'est un business.

— Jésus aurait apprécié.

— Il ne faut pas leur jeter la pierre.

— Et vous, vous avez déjà baptisé quelqu'un ?

— Lorsque je préparais ma thèse à Paris, mon tout petit salaire d'assistant m'avait forcé à accepter un poste de pasteur. J'ai eu l'occasion de baptiser une quinzaine de personnes. Je me souviens d'un paroissien sénégalais qui m'avait demandé si ça me dérangeait qu'il croie aussi aux marabouts… Et puis, de manière inattendue, l'Université de Genève m'a proposé un poste de chercheur. J'ai tout de suite accepté. Quand on manque de certitudes, on fait un très mauvais pasteur… et parfois, si on est têtu, un bon chercheur !

MAIS ALORS ON PEUT ÊTRE PROFESSEUR DE THÉOLOGIE SANS ÊTRE CROYANT ?

OH OUI ...

MÊME SI JE PENSE QU'UN MONDE SANS RELIGION EST UN PEU COMME UNE RIVIÈRE SANS EAU.

LE CHRISTIANISME EST UN DES PILIERS DE MA CULTURE.

IL NE FAUT PAS JETER LE BÉBÉ AVEC L'EAU DU BAIN.

NE PAS NÉGLIGER LA PUISSANCE DES TEXTES SAINTS, SIMPLEMENT PARCE QU'ON N'A AUCUNE CERTITUDE.

On lui donnerait le bon Dieu sans confession. Il parle comme un livre. Un livre du siècle dernier qui aurait plaisir à échanger avec une *digital native* de ce siècle. Je n'en perds pas une goutte…

L'eau nous vient du ciel.
L'eau est insaisissable.
L'eau est éternelle.
L'eau est trouble.
L'eau est pure.
L'eau réunit.
L'eau isole.
L'eau déplace des montagnes.
L'eau engloutit des villes entières.

Beaucoup de religions ont germé sur des terres désertiques.
Les dieux ont jailli comme de l'eau de source. Ils se sont répandus comme des rivières.
Les églises, les synagogues et les mosquées sont comme ces vieilles fontaines de village. Elles étanchent les soifs, lavent les corps et rassemblent les hommes.
Comme l'eau, les discours religieux s'adaptent à tous les hommes, tous les pays, toutes les époques. Ils prennent la forme de ceux qui les *boivent*.

Dans l'Égypte antique et dans le Levant, on se lavait les pieds pour se purifier.
Chez les Grecs anciens, on vénérait Poséidon, dieu des mers et des océans.

Chez les Romains, on vénérait Neptune, dieu des mers et des océans.

Les Hindous font le pèlerinage des sources du Gange.

Les Bouddhistes adorent la fleur du lotus : les racines dans la vase, la tige dans l'eau et la fleur au soleil.

Les Musulmans, avant chaque prière, se lavent le visage, les mains, les avant-bras et les pieds.

Les Juifs vénèrent Moïse, un nouveau-né sauvé des eaux du Nil dans un panier d'osier ; un jeune homme qui, fuyant l'Égypte, a vu la mer s'ouvrir devant lui et se refermer sur l'armée du Pharaon ; un vieillard qui, en frappant son bâton sur un roc, a fait surgir une source en plein désert…

Chez les Chrétiens, il y a l'eau du baptême, pour entrer dans la communauté, l'eau de bénitier, pour entrer dans l'église, et toutes sortes d'eaux miraculeuses : lorsque Jésus fait une pêche inespérée, lorsqu'il marche sur l'eau, lorsqu'il la transforme en vin, lorsqu'il guérit un paralytique en le jetant dans un torrent…

— Mais alors, pourquoi cette affreuse histoire de Déluge, de destruction totale et d'Arche de Noé ?

Les Hébreux étaient de très mauvais navigateurs. Ils faisaient très distinctement la différence entre l'eau claire et l'eau salée, l'eau qui désaltère et l'eau qui noie, l'eau de vie et l'eau de mort. Si la mer les effrayait, imaginez dans leur esprit la puissance d'un déluge de quarante jours et quarante nuits, d'un véritable tsunami !

Cette histoire de déluge est vieille comme Hérode, et même comme Mathusalem. Elle existait bien avant les Juifs et les Chrétiens. Si ces derniers ont repris une légende babylonienne, c'est qu'ils avaient conscience que l'image était assez forte pour dissuader tout croyant de tenter le diable.

L'intérêt ne réside pas dans l'histoire en elle-même (ce Noé qui meurt à l'âge de 950 ans...) mais dans sa portée symbolique.

Comment comprendre le Déluge aujourd'hui ?

Le niveau des océans monte actuellement de 3 millimètres par an. Évidemment, on est loin du déluge biblique... mais pensez aux 12 000 habitants des îles Tuvalu, dans l'océan Pacifique. Tuvalu est un pays dont la montagne la plus élevée culmine à 5 mètres au-dessus du niveau de la mer. Et rien ne sert de construire des digues, puisque la roche de corail est poreuse. Chaque marée inonde les terres de l'intérieur. L'eau salée fait mourir les plantations. Les autorités sont donc en train de planifier l'évacuation générale…

Et maintenant, où est l'Arche?

Depuis des années, le message des scientifiques est clair −il faut arrêter de polluer la terre, l'eau et le ciel− on le crie sur tous les toits: le monde moderne est un colosse aux pieds d'argile. Ceux qui continuent de semer le vent vont récolter la tempête. Pour l'instant, on touche du bois. Mais si on continue à s'en laver les mains −on aura beau se lamenter, pleurer comme des madeleines− beaucoup d'innocents seront massacrés comme tous ceux qui n'ont pas eu la chance de s'appeler Noé!

Poussière, nous retournerons à la poussière.

Si tu te promenais dans l'espace, tu verrais la Terre comme une petite boule bleue (71% de sa surface est couverte d'eau), d'où son surnom : Planète bleue.

La grande majorité de cette eau est salée !

– 97,3% : mers et océans

– 2% : glace (Antarctique, Groenland...)

– 0,68% : eau souterraine

– 0,01% : lacs

– 0,0001% : fleuves et rivières.

L'eau constitue :

– 65% du corps humain (75 % chez les nourrissons)

– 60% du corps animal (98% chez la méduse)

– 75% du corps végétal (10% pour une graine).

On a observé de la vapeur d'eau un peu partout dans la Galaxie. On trouve également de la glace d'eau sur la Lune, sur Mars. On n'a par contre jamais trouvé d'eau liquide ailleurs que sur la Terre.

À l'échelle cosmique, l'eau est plus rare que l'or.

Alors les recherches continuent. Presque chaque année, les médias annoncent la découverte d'eau liquide quelque part dans l'espace. Sur les satellites de Saturne ! Ceux de Jupiter ! Sur Pluton ! C'est assez compréhensible : ce serait la preuve que la vie pourrait exister ailleurs ! Et on se sentirait soudain un peu moins seuls dans l'Univers.

6.
JAMAIS DEUX FOIS
DANS LA MÊME
RIVIÈRE

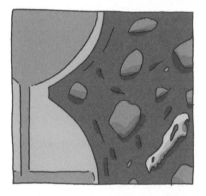

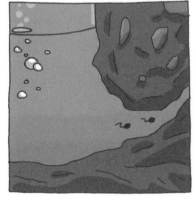

En quittant le bureau 5023, je suis comme prise de vertiges, je déambule le long du 5e étage, reprends mes esprits sur un petit fauteuil rouge.

Quelle chance d'être sur Terre tout de même.

Et de vivre.

Oui.

Une femme dont je n'avais pas même remarqué la présence se met à rire. Je deviens aussi rouge que le fauteuil. En fait, je pensais à haute voix.

— Un peu jeune pour étudier ici, non ?

— …

— Professeure Négevand, j'enseigne la philosophie.

Ah, enfin. Je commençais à me demander si la profession acceptait les femmes…

ET QUE DISENT LES PHILOSOPHES À PROPOS DE L'EAU ?

Silence embarrassé.

Πάντα ρεῖ

PARDON ?

EN GREC, CELA SIGNIFIE : TOUT S'ÉCOULE.

AH.

ON NE SE BAIGNE JAMAIS DEUX FOIS DANS LA MÊME RIVIÈRE.

NON ?

C'EST UNE PHRASE D'HÉRACLITE, UN PHILOSOPHE MORT IL Y A 2500 ANS :

"ON NE SE BAIGNE JAMAIS DEUX FOIS DANS LA MÊME RIVIÈRE."

— C'est une image. Cette rivière, c'est la vie. On est au bord de la rivière. En amont, c'est le passé. En aval, le futur. Et juste en face, l'instant présent. L'eau coule, sans jamais s'arrêter, comme le temps, comme la vie… Du reste, les premières horloges – les clepsydres – fonctionnaient avec de l'eau !

— …

— Ce que veut dire Héraclite, c'est que malgré les apparences, l'eau n'est jamais la même, chaque seconde est unique, on ne la revivra jamais une deuxième fois, tu vois ?

— C'est ça, la philosophie ?

— En quelque sorte. C'est oser poser sérieusement la question d'un enfant de quatre ans, et tâcher d'y répondre.

— Pourquoi l'eau est-elle bleue ?

— Par exemple.

— Mes questions ont tendance à agacer ma mère. Jusqu'à aujourd'hui, je pensais que ça ne tournait pas rond dans ma tête. Me voilà rassurée. Je suis simplement philosophe.

— Si tu poses des questions pour comprendre le monde, tu es bien une philosophe. Si tu ne poses des questions que pour attirer l'attention de ta mère, c'est un peu plus gênant… mais on dérive…

— On ne se baigne jamais deux fois dans la même rivière.

— Ah oui. Héraclite. C'est l'un des tout premiers philosophes à avoir voulu se libérer des dieux, à refuser d'être ballotté par des divinités qui nous ressemblent. Le tonnerre et la pluie, c'est la colère de Zeus, un type avec une barbe. Les grandes vagues, la mauvaise humeur de Poséidon, un type avec une fourche à trois pointes…

— Pardon, mais la Grèce antique, c'est un peu dépassé, non ?

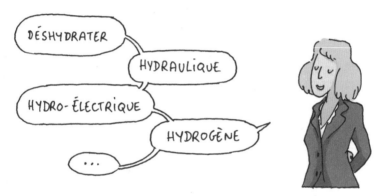

— Pardon ?

— Le préfixe « hydr- » signifie « eau » en grec ancien. Tu ne trouves pas surprenant que la moitié d'un hydravion ultramoderne ait en réalité 2 500 ans !

— …

— Et aqueduc, aquarelle, aquaplaning, aquarium…

— … aquaparc !

— Le préfixe « aqua- » signifie aussi « eau », mais en latin ! Quant à notre époque… pas grand-chose… chasse d'eau, eau de Cologne, eau de Javel… eau de toilette…

Si l'eau de Javel vient de Javel et que l'eau de Cologne vient de Cologne, pourquoi persiste-t-on à mettre de l'eau de toilette ?

— … ou alors des mots anglais : waterproof, water-closet…

— … waterpolo !

— L'Antiquité est éternelle. Tiens, Narcisse, un homme très beau, mais centré sur sa personne, très narcissique. À tel point qu'un jour, il vit son reflet dans l'eau et en tomba amoureux ! Tu ne trouves pas que tes amis qui postent des selfies sur Instagram sont des Narcisse modernes ? Ils veulent paraître et séduire. Ils idéalisent leur image. Ils évitent le reflet trop réaliste du miroir pour se mirer dans l'image retravaillée des réseaux sociaux…

— Carrément !

— Alors, qui est dépassé ? Héraclite ou Instagram ?

La pluie féconde le sol.
Le glacier perd ses eaux.
L'hiver enfante le printemps.
Alors s'écoule un petit ruisseau bruyant, fontaine de jouvence.
La rivière prend ses aises. Sa chevelure ondule. C'est une nymphe, une ondine, une naïade…

Et puis elle s'assagit, s'élargit, ralentit.

Elle n'a plus son fond, navigue en eaux troubles…

Il y a eu le plaisir de l'apesanteur, cette eau qui te porte, qui te berce, la mer nourricière, mer laiteuse quand s'y reflète la lune.

Il y a maintenant la peur de la noyade, le vent de face, les vagues qui t'emportent au large, les crampes, l'hydrocution, les Gorgones, les Hydres, les Cynocéphales, les Sirènes, les Hippogriffes… C'est le Styx, le fleuve de la mort que l'on franchit sur la barque d'un passeur nommé Charon.

— As-tu déjà vu la mer ?

— Non, pas encore…

— Je paierais une fortune pour revivre ce sentiment de la première fois !

— Pourquoi ?

— Ce n'est peut-être pas un hasard si tu es en train de remonter une rivière.

— Pourquoi ?

— L'eau est le miroir de l'âme. Il y a ceux qui aiment les ruisseaux de montagne, ceux qui aiment les couchers de soleil sur la mer, ceux qui aiment les océans déchaînés, ceux qui aiment les fleuves tranquilles, ceux qui aiment les étangs, les petits lacs, ceux qui aiment les chutes d'eau, et ceux qui aiment remonter les rivières…

Les quatre éléments

Sais-tu que de l'Antiquité à la Renaissance (pendant 2 000 ans!), on a cru que le monde n'était composé que de quatre éléments : la Terre, l'Air, le Feu et l'Eau.

L'Homme vit à la surface d'une planète, la Terre. Les continents sont séparés par des océans, de l'Eau. Tout autour, c'est le ciel, formé d'Air. Au loin, le soleil, le Feu.

Et soudain, tout paraît simple.

Ton boulanger, par exemple. Il utilise de la farine, des céréales de la Terre, les mélange avec de l'Eau, pétrit la pâte, puis la laisse lever, se gonfler d'Air, avant de la cuire au Feu.

Ou un potier. Il se procure de la Terre glaise, qu'il mélange avec de l'Eau, afin d'obtenir une pâte à la consistance idéale. Une fois qu'il a obtenu la forme recherchée – assiette, vase ou cruche – il laisse sécher la pièce à l'Air, puis la fait cuire au Feu.

Un paysan? En hiver, il laboure sa Terre pour l'aérer. Il l'arrose, l'irrigue, ou, au contraire, la draine s'il y a trop d'Eau. Il ne manque plus ensuite que le Feu du soleil.

Dans l'esprit des Anciens, chaque élément était associé à une saison, une direction, un organe, un sens...

AIR	FEU	TERRE	EAU
Printemps	Été	Automne	Hiver
Est	Sud	Ouest	Nord
Cœur	Foie	Rate	Cerveau
Ouïe	Vue	Toucher	Goût
Mental	Esprit	Corps	Âme
Enfant	Adolescent	Adulte	Vieillard
Blanc	Rouge	Noir	Vert
Intellectualité	Ardeur	Matérialité	Sensibilité
Fleur	Fruit	Racine	Feuille
etc.	etc.	etc.	etc.

7.
EAU EN BOUTEILLE,
EAU VIRTUELLE

Mon cerveau comprend que l'eau est bien plus qu'une molécule : deux atomes d'hydrogène (H) et un atome d'oxygène (O), du monoxyde de dihydrogène (H_2O).

Mon cerveau prend l'eau, il est comme Jonas dans le ventre de la baleine, comme l'un des 12 000 habitants des îles Tuvalu, il a soudain peur des Gorgones, des Hippogriffes, peur du Deutéronome, du Pentateuque, des Exégèses…

Mon cerveau abandonne le 5e étage, redescend sur terre, cherche son Arche, pousse la porte des toilettes — sauvé ! — se rafraîchit le visage, fontaine de jouvence, jette un œil dans le miroir, pense aux naïades, à Narcisse…

… Mais…

… Mais dis, d'où vient l'eau de ce robinet ?

De la Chamberonne? Certainement pas, puisqu'elle est polluée.

De l'eau de pluie? Sûrement pas, puisqu'elle est évacuée dans les mêmes conduites que les eaux usées.

De l'eau de source ? Plus vraisemblablement d'une usine de potabilisation, une station qui pompe l'eau du lac pour la filtrer, la désinfecter, la purifier, la rendre potable… mais alors… je bois de l'eau sale qui a juste été nettoyée?

Je m'arrête au self-service de la cafétéria pour acheter une bouteille d'eau. De l'eau forcément pure, puisqu'il y a, sur l'étiquette, un ciel bleu, une belle montagne toute verte et un slogan : « La nature vous aime de toutes ses forces ».

Alors que je me dirige vers la terrasse, un étudiant a la gentillesse de me tenir la porte.

— Oui, mais au moins, l'eau de ma bouteille est pure.

— On a ici la meilleure eau du robinet du monde ! Sans goût de chlore, avec des milliers de contrôles chaque année pour surveiller sa qualité !

— ...

— C'est drôle. On lave nos voitures avec de l'eau potable, on fait nos besoins dans de l'eau potable. On remplit nos piscines avec de l'eau potable… La seule chose qu'on ne fait pas, c'est la boire !

Il s'excuse. Il ne voulait pas me déranger. C'était plus fort que lui, il y a des choses sur cette Terre qui le rendent fou. Il s'appelle Noé. Il étudie ici. Il me souhaite une bonne journée.

— Mille fois moins cher, vraiment ?

— Une usine d'eau minérale n'est pas une usine d'eau mais une usine de plastique. Je me souviens du patron d'une grande fabrique qui avait dit : « Dieu fournit l'eau, mais pas les bouteilles en plastique, ni le transport ». Regarde sur l'étiquette, d'où vient ton eau ?

— D'Italie.

— Au minimum quatre heures de route en camion !

— Il n'y a pas de sources plus proches ?

— Si, à quelques kilomètres de là. Et cette eau de source coule directement du robinet !

— …

— En plus d'avoir un coût économique mille fois moins cher, elle a aussi un coût écologique mille fois moins grand !

— Ma bouteille est en PET recyclable…

— Il faut la fabriquer, ta bouteille en PET — deux kilos de pétrole brut pour fabriquer un kilo de PET — ensuite, il faut la transporter — trois litres d'essence pour faire avancer un camion sur un kilomètre — et enfin, le recyclage, c'est aussi de l'énergie.

— …

— On dit que l'énergie nécessaire à produire, transporter, réfrigérer et se débarrasser d'une bouteille en plastique revient à la remplir au quart de pétrole !

L'eau devrait être source de vie.

Non de profit.

Et encore moins de pollution.

— Regarde, au supermarché, tous ces légumes qui viennent des pays du sud de l'Europe, ces tomates cultivées sous serre, qui se vendent en plein hiver… En fait, on achète des fruits et des légumes gorgés d'eau de mer !

— …

— Les maraîchers se sont établis sur des terres désertiques, des terres dont l'eau provient d'usines de dessalement d'eau de mer. Acheter ce genre de tomates, c'est faire tourner une grosse usine de dessalement et faire rouler un camion sur 1 500 kilomètres !

— Que veux-tu qu'on y fasse ?

— Les grandes entreprises sont comme d'immenses bateaux. Elles sont impressionnantes. Mais nous, les gens ordinaires, sommes des océans ! Notre eau porte leurs navires. Si on s'unissait, on pourrait se faire entendre et même les faire chavirer !

Noé n'a pas vu l'heure passer. Je lui dis que tout s'écoule, comme disait Héraclite. Il me regarde et ne dit rien. Son cours commence dans deux minutes.

 **L'eau virtuelle**

On boit entre 2 et 4 litres d'eau par jour.

On en utilise chaque jour beaucoup plus, environ 140 litres : 42 litres de chasses d'eau, 35 litres de douches, 35 litres au lavabo, 17 litres dans la machine à laver, 3 litres dans le lave-vaisselle, etc.

On nous le répète souvent. Préférer une douche plutôt qu'un bain. Ne pas laisser couler l'eau. Installer sur les robinets des régulateurs de débit. Utiliser un système de double chasse d'eau. Récupérer l'eau de pluie pour l'arrosage... mais il y a bien pire !

Il y a l'eau que l'on voit, et l'eau qu'on ne voit pas : l'eau virtuelle. En réalité, nous consommons tous quotidiennement environ 3 500 litres d'eau !

Chacun des aliments que l'on consomme, chacun des objets que l'on achète, a nécessité une quantité d'eau. L'eau virtuelle est la quantité d'eau nécessaire à leur fabrication.

Quand on mange 1 kilo de bœuf, on boit virtuellement les 15 500 litres d'eau qui ont été nécessaires pour produire cette quantité de viande. Pendant 3 ans, le bœuf a en effet consommé, en plus de l'eau qu'il boit et de l'eau utilisée pour son entretien, des céréales et du fourrage qui auront nécessité, pour leur production, plus de 3 millions de litres !

un kilo de pommes : 250 litres d'eau
un kilo d'oranges : 700 litres d'eau
un kilo de maïs : 900 litres d'eau
un litre de lait : 1 000 litres d'eau
un kilo de riz : 2 500 litres d'eau
un kilo de poulet : 4 300 litres d'eau
un kilo de fromage : 4 800 litres d'eau
un kilo de café : 18 900 litres d'eau

une feuille de papier : 10 litres d'eau
un T-shirt : 2 700 litres d'eau
un jeans : 10 900 litres d'eau
une voiture : 400 000 litres d'eau !

8.
TOUS DANS
LA MÊME
BARQUE

L'impression d'entrer dans la Cité interdite.

Une salle de cours cent fois plus grande que celle de Madame Bravache. Si grande qu'il y a des gradins. Plusieurs centaines d'étudiants répartis sur une vingtaine de rangées. Comme au théâtre. Je m'installe sur une chaise du fond, rabats la tablette et assiste à mon tout premier cours universitaire.

Introduction à la psychologie sociale.

Chaussures italiennes, pantalon à plis, veston de laine, chemise ouverte au deuxième bouton et frange grisonnante rabattue sur le côté droit. Le Professeur Gouttera dessine à la craie un cercle avec à l'intérieur deux formules: MOI et LES AUTRES.

— Il serait grand temps de comprendre que le sort des êtres humains est lié: habitants de la même ville, de la même région, du même pays, du même continent, de la même planète...

Des valeurs communes nous unissent, mais aussi des intérêts communs.

Il prend l'exemple d'une classe d'école. Les études le montrent, les élèves obtiennent de meilleurs résultats s'ils ont un objectif commun, un projet collectif, s'ils comprennent qu'ils sont davantage complémentaires que concurrents, s'ils coopèrent. On obtient des résultats nettement moins bons dans une classe *normale*, où chacun travaille individuellement dans une ambiance fondée sur la compétition, les tests individuels, les examens sélectifs, les notes, les moyennes de classe, les redoublements, les punitions…

Le professeur trace ensuite un second cercle, qui inclut le premier, et ajoute un mot : NATURE.

— Les êtres humains sont aussi intimement liés à la santé de leur environnement. Si la nature se porte mal, tous les humains vont mal. On doit ainsi se soucier de son état, pour son bien, mais aussi pour le nôtre.

Abordons maintenant à la lumière de ces deux cercles la thématique de l'eau. Quel homme pourrait s'offrir tout seul un barrage hydroélectrique pour obtenir de l'électricité dans sa maison ? Quelle personne pourrait installer toute seule des milliers de kilomètres de conduites enterrées pour avoir de l'eau à son robinet ? Qui pourrait individuellement lutter contre les crues et les sécheresses ?

L'eau n'est pas un bien, c'est un lien, un trait d'union entre MOI et LES AUTRES.

On est tous liés par la peur des sécheresses, de la soif, des tempêtes, des inondations.

Les hommes l'ont compris et se sont organisés à l'échelle mondiale. Cela a commencé en 1977 avec la Conférence des Nations unies sur l'eau à Mar del Plata, en Argentine. Cela continue aujourd'hui avec le Forum mondial de l'eau à Brasilia en mars 2018.

Voilà donc quarante ans que l'on répète les mêmes avertissements !

ON EST TOUS DANS LA MÊME BARQUE.

LE MALHEUR DES AUTRES EST AUSSI LE NÔTRE.

C'EST QUAND LE PUITS EST À SEC QUE L'ON SE SOUCIE DE L'EAU.

LORSQUE LA DERNIÈRE RIVIÈRE SERA POLLUÉE, LORSQUE LE DERNIER POISSON SERA PÊCHÉ, ALORS SEULEMENT, L'HOMME SE RENDRA COMPTE QUE L'ARGENT NE SE MANGE PAS.

Ce qui nous manque le plus, c'est le deuxième cercle, celui de la communion avec la NATURE. On a passé un siècle à bétonner les zones humides, à enterrer les cours d'eau… Aujourd'hui, en ville, on vit déconnecté de la nature, on ne voit que des robinets et des grilles d'égouts. Sitôt une averse terminée, l'eau a disparu.

Le combat contre la désertification, c'est lointain. On ne sait plus ce que c'est que d'avoir soif, d'être frappé par une épidémie due à un manque d'eau potable, à une eau contaminée, à l'absence d'évacuation des eaux sales.

Le Professeur Gouttera va maintenant se pencher sur une situation concrète : E.A.U.

Je demande à Noé pourquoi il a mis des points entre les trois lettres. Il ne peut s'empêcher de rire. Il s'agit des Émirats Arabes Unis, un pays voisin de l'Arabie saoudite

Dans la ville de Dubaï, sur des terres désertiques, on a construit à l'intérieur d'un centre commercial une station de sports d'hiver, deux kilomètres de pistes de ski, trois remontées mécaniques, un snowpark et une piste de bobsleigh. On skie ainsi à -2°C quand il fait 45°C à l'extérieur !

Deuxième situation, Las Vegas.

Hilare, Noé me dit que c'est aux E.U.A., aux États-Unis d'Amérique… Sa vanne ne me fait pas rire aux larmes.

Bien qu'elle soit construite au milieu du désert de Mojave, dans le Nevada, la ville de Las Vegas héberge 600 000 habitants, des centaines de milliers de touristes, des golfs verdoyants, de petits lacs de plaisance, des rivières artificielles…

À Dubaï comme à Las Vegas, il ne pleut que huit centimètres par an − contre plus d'un mètre dans nos régions ! − alors comment font-ils ?

Il y a dans le sol des Émirats Arabes Unis cent milliards de barils de pétrole, que l'on peut pomper et exploiter à moindres frais pour faire tourner des usines de dessalement. On se sert donc dans les océans.

Quant aux Américains, ils ont construit trois barrages sur le fleuve Colorado pour détourner des millions de litres d'eau et réaliser ce rêve complètement fou qu'est Las Vegas.

C'est dingue, ce qu'on arrive à faire avec du pétrole et un peu d'argent, non ?

 ## L'eau est un droit humain

1'000 enfants meurent chaque jour du manque d'hygiène.

3,5 millions de personnes meurent chaque année de maladies liées à la mauvaise qualité de l'eau.

800 millions de personnes n'ont toujours pas accès à l'eau potable.

2,6 milliards de personnes ne disposent pas d'installations sanitaires de base.

10% des dépenses militaires mondiales – 100 milliards de dollars par an – suffiraient à apporter de l'eau potable aux 7 milliards de Terriens !

« Le droit à une eau potable propre et de qualité et à des installations sanitaires est un droit de l'homme, indispensable à la pleine jouissance du droit à la vie » (Nations unies, 28 juillet 2010).

Le professeur Gouttera termine son cours par une petite fable :

— C'est l'histoire d'un paysan conscient que les réserves d'eau souterraine de sa région sont presque épuisées. Il décide d'acheter une pompe très puissante. Il fait creuser un puits très profond. Il se dépêche d'exploiter l'eau qui reste, avant que ses voisins ne s'en emparent…

Tu te dis : ce type est un crétin.

Non ?

En réalité, un peu partout dans le monde, en ce moment, et depuis plus d'un siècle, nous nous comportons exactement comme ce paysan.

C'est ce que l'on appelle *La tragédie des biens communs.*

On pense tous être gagnant-gagnant.

Et on sera tous perdant-perdant.

9.

CHER
PRIX
NOBEL

Cher Professeur Dubrochet,

C'est une fille de 12 ans qui vous écrit après vous avoir entendu dire à la télé qu'il y avait deux espèces de poissons : les morts qui vont avec le courant et les vivants qui vont contre.

Je voulais simplement vous dire merci.

Je devais préparer un exposé pour l'école sur le thème de l'eau et j'ai décidé de vous prendre au mot, de remonter la Chamberonne, cette rivière que vous devez connaître pour avoir travaillé des années à proximité.

Raconter toute cette histoire prendrait trop de temps (il faudrait un livre!). Sachez simplement que le hasard m'a fait rencontrer des étudiants et plusieurs professeurs d'université.

Le jour de mon exposé, j'étais si excitée, si enthousiaste, j'avais tant de choses à dire... La honte. Les idées se sont embrouillées dans ma tête, les mots dans ma bouche. C'était comme une tornade, un raz-de-marée, un barrage qui cède...

L'eau du baptême, l'eau virtuelle, l'eau du déluge, l'eau en bouteille, l'eau du Gange, l'eau de Cologne, l'eau qu'on détourne, l'eau qu'on endigue, l'eau qu'on turbine, l'eau qu'on pompe, l'eau qu'on dessale, l'eau qu'on potabilise, l'eau qu'on pollue, l'eau qu'on pille, les enfants qui meurent de soif, qui meurent par manque d'hygiène, l'eau qui noie les migrants, l'eau des vacances balnéaires, l'eau de toilette, l'eau de Javel, l'eau des glaciers sur lesquels on fait du « last chance tourism », l'eau des canons à neige, l'eau des clepsydres, la vapeur d'eau des locomotives, l'eau de Narcisse et d'Héraclite, l'eau de notre corps, l'eau des riverains et des rivaux, l'eau qui sépare et l'eau qui relie…

Après un bon quart d'heure d'un monologue délirant, Madame Bravache m'a interrompue. Le temps qui m'était imparti s'était écoulé. Il y avait bien quelques bonnes idées, mais mon discours, jugé décousu, manquait singulièrement de structure. Je parlais beaucoup trop vite. Je n'avais pas atteint les objectifs visés. Il était difficile de me donner plus que 3 (sur 6).

J'avais beaucoup travaillé, j'avais même eu du plaisir à la tâche, j'avais reçu un 3… J'étais évidemment déçue mais ce n'était pas le plus important.

J'avais compris beaucoup de choses. Comment se construit le savoir. À quoi sert la recherche scientifique. Et surtout, combien précieuse est l'eau !

Pourtant – et c'est la raison pour laquelle je vous écris – tant de questions restent sans réponses. Pire, plus j'avance dans mes recherches (car oui, j'ai continué mon enquête, même après l'exposé), plus il y a d'incompréhension, de colère et de révolte !

C'est insensé. Il y a 10 000 ans, des hommes ont su construire un puits de 5 mètres de profondeur dans un village de l'île de Chypre.

Il y a 5 000 ans, ils ont bâti un barrage de 15 mètres de haut sur le cours du Nil.

Il y a 2 000 ans, la ville de Rome était alimentée par 9 aqueducs d'une longueur totale de 500 kilomètres !

En 2018, l'Homme est capable de tant de choses — détourner des fleuves, dessaler la mer, vitrifier l'eau — et pourtant, il ne sait toujours pas partager son savoir-faire afin de répartir l'eau douce de cette planète.

800 millions de Terriens n'ont toujours pas accès à l'eau potable !
Alors, dites-moi, à quoi servent toutes ces connaissances ?
À quoi bon faire avancer la science ?

Vous dites avoir reçu le prix Nobel pour la découverte de l'eau froide. Je n'ai, pour ma part, même pas inventé l'eau tiède, mais je me questionne sur l'avenir de l'Homme, de la science et de l'eau douce…

Comment y croire encore ?

Très cordialement,
Naïa

PS : J'ai lu que votre découverte a permis de mieux comprendre la maladie d'Alzheimer. Mon grand-papa en est atteint. Pas facile pour ma grand-maman et mes parents. J'espère qu'on trouvera rapidement un remède !

10.
SOIF DE SAVOIR

Il est tard, le quartier est tranquille (à vrai dire, même en plein jour, ce quartier ne fait pas de bruit). Un passant qui y promènerait son chien remarquerait peut-être, au bout d'une allée, une dernière lampe allumée, au rez-de-chaussée d'une petite maison mitoyenne. S'il avait osé s'approcher de la fenêtre, il aurait vu un homme, de face, assis à une table, un homme en train de chercher ses mots sur le clavier d'un ordinateur portable, un homme qui ressemble, vous savez, aux savants des dessins animés, le grand-père qu'on aimerait tous avoir.

Même s'il avait collé son visage contre la vitre, le passant n'aurait pas pu lire ce qui était en train de s'écrire. Il aurait peut-être simplement souri en voyant, sur le dos de l'écran, trois autocollants : « Sortie du nucléaire ? Votez OUI ! », « Géothermie, Yes, please ! » et « Grands-parents pour le climat ».

Chère Naïa,

Merci.

Un prix Nobel amène son lot de surprises. Six cents courriels reçus en une journée. Des journalistes du monde entier qui s'intéressent à ma petite vie. Des amis, des collègues de l'université ou du Conseil communal qui me regardent soudain d'un autre œil. Un costume en queue-de-pie pour aller bavarder avec le roi de Suède. Un espace de stationnement spécialement réservé à ma bicyclette devant l'université. Une école qui portera bientôt mon nom. Et une lettre magnifique d'une jeune fille qui s'appelle Naïa.

Merci de tout mon cœur.

Tu as 12 ans. Un âge qui ne me rappelle pas que de bons souvenirs.
Chez les scouts, c'était la catastrophe, j'avais peur de la nuit.
Mes parents m'avaient inscrit à des cours d'aviron, j'avais peur de l'eau.
À l'école, je posais beaucoup de questions, en début d'année, puis beaucoup moins, parce que j'avais peur d'être ridicule.
J'étais un mauvais élève, souvent triste, amorphe, j'étais en train de doubler mon année… Pourtant, j'étais obsédé par l'idée de comprendre, je rêvais déjà en secret de devenir scientifique. Ma mère était bien la seule à y croire. Elle répétait à qui voulait encore l'entendre que son fils recevrait un jour un prix Nobel ! On riait d'elle…

À l'école, un seul cours me rendait heureux : les travaux manuels. Le maître me laissait alors construire librement l'objet de mes rêves, un télescope ! J'avais récupéré deux lentilles grossissantes dans une société d'astronomie. Il me restait à construire le boîtier en bois et le trépied…

Ce télescope, je l'ai toujours. Regarder dedans est assez décevant, on ne voit pas grand-chose, mais grâce à lui, et grâce à toute sorte de lectures sur Copernic, Galilée, le Soleil, la Terre, l'Eau… soudain, je n'ai plus eu peur de la nuit, je n'ai plus eu peur de l'eau, je n'ai plus eu peur de poser des questions idiotes.

Pourquoi l'eau est-elle bleue ?
Pourquoi l'eau de mer est-elle salée ?
Pourquoi trouve-t-on des marées là-bas et pas ici ?
COMPRENDRE POUR NE PLUS AVOIR PEUR.
C'est très important. Et c'est déjà une belle raison de croire en la science !
Il faut y croire absolument, y croire ensemble, partager le savoir, lire, écrire, débattre, échanger des idées. La connaissance est un bien commun. On ne peut pas comprendre l'eau si on n'est que chimiste, ou que physicien, ou que biologiste, ou que théologien, ou que philosophe. Il faut bâtir des ponts, réunir les savoir-faire autour d'une même table.

Il faut continuer à t'émerveiller.

L'homme pille, pollue, exproprie, exploite, c'est un fait, mais rends-toi compte, chaque matin, quand tu ouvres le robinet de ta salle de bain, des prouesses techniques que contient ce geste simple. Rends-toi compte du nombre de scientifiques, d'ingénieurs et d'ouvriers qui ont uni leurs efforts pour te permettre de voir couler chaque matin de l'eau potable !

Émerveille-toi surtout de la NATURE.

Un scientifique, c'est un homme dont le seul maître est la nature.

Tâche de la comprendre, et de la copier. Étudie avec humilité ce qu'elle a à t'enseigner, au lieu d'essayer de la corriger. Prends-la en exemple, elle qui sait privilégier le long terme face à l'intérêt immédiat. Il faut absolument apprendre à voir loin !

Rappelle-toi. Aujourd'hui encore, malgré toutes nos technologies, il suffit de passer trois jours sans eau, et nous mourrons.

Il faut rester humble.

J'ai consacré une grande partie de ma vie à étudier les particularités de l'eau. Cette dernière conserve ses mystères, malgré les chiffres, malgré les équations, malgré les mots compliqués… L'étendue bleue qui recouvre les deux tiers de notre planète reste l'une des plus grandes énigmes de l'univers.

Un trésor inestimable que personne ne comprend vraiment…
Ta soif de savoir n'est donc, semble-t-il, pas près de tarir !

Naïa, merci infiniment pour ta lettre, pour tout ce temps consacré à la recherche, à la rencontre, au questionnement. Je te souhaite de trouver toi aussi ta voie, de continuer à chercher, à t'émerveiller, nager dans le bonheur et être sur Terre comme un poisson dans l'eau !

Avec toute mon amitié,
Professeur Dubrochet

Professeur Dubrochet
alias **Jacques Dubochet**

Biophysicien, professeur honoraire de l'Université
de Lausanne, prix Nobel de chimie en 2017.

Avec son frère et ses deux sœurs, Jacques aime construire des barrages en
travers des rivières. Ce sont ses premières expériences d'hydro-physique.

Il faut dire que la famille Dubochet est condamnée à habiter près d'un
cours d'eau, puisque le métier du père, ingénieur civil, consiste justement
à construire des barrages (celui de Cleuson, celui de la Grande Dixence et
bien d'autres). Quelques années plus tard, le père supervisera un autre gros
chantier, celui de l'Université de Lausanne !

On l'a vu, l'école ne va pas de soi pour le futur Prix Nobel. Il ne le sait
pas encore, mais il souffre de dyslexie, un trouble de l'apprentissage de la
lecture, des difficultés à identifier les lettres, les syllabes, les mots.

Ce n'est peut-être pas un hasard si, depuis qu'il est retraité, Jacques
Dubochet donne volontiers des cours d'appui de mathématiques à des
jeunes délaissés, des migrants mineurs non accompagnés.

Professeur Veinard
alias **Emmanuel Reynard**

Professeur de géographie à l'Université de Lausanne.

Sur la porte du bureau du professeur, un slogan attire l'attention : « L'eau des bisses a rendu le vin potable ».

Ceci explique cela : il a grandi dans les Alpes valaisannes, près de l'impressionnant bisse (canal d'irrigation) du Torrent-Neuf, à Savièse, une commune si vaste qu'elle abrite aussi bien des vignobles qu'un glacier, dans le massif des Diablerets.

Le professeur ne se reconnaît plus dans cette alpe fraîchement disneylandisée, avec son Peak Walk, première passerelle au monde à relier deux sommets, son Alpine Coaster, luge sur rail la plus haute du monde, ou encore son restaurant perché à 3 000 mètres d'altitude.

Une anecdote de son village le touche davantage. En 1942, Francine et Marcelin disparaissent subitement alors qu'ils étaient allés nourrir leur bétail dans les alpages. Plus aucune trace du jeune couple… jusqu'en 2017 ! À la surface du glacier, un randonneur retrouve alors leurs deux corps, leurs sacs à dos, une bouteille en verre, un livre et une montre. Les funérailles s'organisent le 22 juillet 2017, en présence des deux filles du couple, encore vivantes, des petits-enfants et des arrière-petits-enfants.

Professeur Roulis
alias **Alexandre Roulin**

Professeur de biologie à l'Université de Lausanne.

À l'âge de 7 ans, Alexandre rêve déjà d'ornithologie. Il reconnaît les oiseaux, sait où les trouver, imite leurs cris.

Il ne tarde pas à devenir malgré tout, et selon ses propres mots, « un métalleux à cheveux longs », un préado rebelle de 14 ans qui redouble son année. Quand il demande à rejoindre une filière scolaire moins exigeante, son directeur le convoque dans son bureau pour le sermonner : « Tu retournes en classe et tu bosses ! »

Alexandre fera finalement un apprentissage de dessinateur en génie civil, avant de passer sa maturité, sur le tard, grâce à des cours du soir.

Aujourd'hui professeur de biologie réputé, il est reconnaissant à ses origines paysannes de lui permettre de rester proche de tout le monde. Reconnaissant aussi à son enfance passée près de la Broye, une rivière qui lui a ouvert les yeux sur les richesses de la nature.

Professeur Brumaire
alias **Thomas Römer**

Professeur de théologie à l'Université de Lausanne.

Il ne faut pas lui parler de nature. Il a grandi près du Rhin, à Mannheim, dans un HLM austère, typique de l'après-guerre.

Thomas est un élève plutôt moyen. Le déclic survient grâce à un accident de ski. Pendant quatre mois, il doit garder le lit. Il se met à lire. Alors que ses parents redoutent une baisse de niveau, à la surprise générale, dès son retour en classe, il devient deuxième de la classe !

À l'université, il veut étudier le français et l'anglais, mais on lui dit que ces études le mèneront naturellement au chômage. Il s'oriente vers la théologie, sans véritable vocation. Il dit aujourd'hui qu'il doit ce choix de carrière aux Kinderbibel, ces petits livres pour enfants richement illustrés. Et puis également à Mozart, car durant l'école religieuse de son enfance, le pasteur les laissait faire leurs devoirs en leur passant des vinyles de musique classique.

Professeure Négevand
alias **Alexandrine Schniewind**

Professeure de philosophie à l'Université de Lausanne
et psychologue clinicienne.

À 12 ans, Alexandrine est une fille rêveuse. Elle lit, elle lit beaucoup, joue de la flûte, apprend des langues, l'allemand, l'anglais, mais aussi le russe, l'arabe, et déjà le grec ancien !

Quelques années plus tard, un professeur lui fait découvrir l'allégorie de la caverne, une sorte de conte écrit par un Grec ancien nommé Platon. Elle est envoûtée par cette histoire qui présente les Hommes comme des créatures enchaînées au fond d'une caverne, sur les parois de laquelle on projette des images fausses. Le rôle du philosophe étant de leur montrer la voie pour découvrir la lumière du jour.

Cette allégorie conserve selon elle tout son sens aujourd'hui : tout le monde a les yeux rivés sur des écrans de téléphone, des divertissements télévisés, des jeux vidéo. Ces mondes virtuels saturent nos cervelles et nous empêchent d'être disponibles aux autres, aux choses de la vie, à notre propre vérité.

Rien donc de hasardeux si Alexandrine Schniewind a écrit plusieurs articles sur les bienfaits de l'ennui, qui est selon elle, une respiration, une sorte de jachère, un tremplin vers la créativité, une disponibilité de l'esprit qu'elle retrouve sans peine sur sa plage, à Plougrescant, en Bretagne.

Professeur Gouttera
alias **Fabrizio Butera**

Professeur de psychologie sociale
à l'Université de Lausanne.

Il est né à Palerme, sur l'île de Sicile, tout au sud de l'Italie. Son enfance a donc vue sur la mer. Il aime nager, faire de l'apnée, de la plongée sous-marine. Cette immense étendue d'eau le fascine. La mer ouvre des horizons, impose la curiosité : il veut savoir ce qu'il y a sous la surface des eaux, et de l'autre côté... Ce n'est pas un hasard s'il se sent bien aujourd'hui sur le campus de l'Université de Lausanne, près d'un grand lac.

Ancien cancre, Fabrizio a souvent rencontré des difficultés à l'école. S'il a pu poursuivre ses études, c'est grâce aux encouragements et à la confiance de ses parents. Au lycée, il dit n'avoir commencé à travailler qu'une année avant les examens de maturité !

Ses recherches l'amènent aujourd'hui à étudier les systèmes d'enseignement. Sur la base de ses travaux, il plaide pour une école plus participative, plus interactive, plus coopérante. Il s'oppose aux notes, aux redoublements, aux filières.

Les Éditions La Joie de lire remercient chaleureusement
tous les professeurs qui se sont prêtés au jeu de cette narration :
Fabrizio Butera, Jacques Dubochet, Emmanuel Reynard,
Thomas Römer, Alexandre Roulin et Alexandrine Schniewind.

Les Éditions La Joie de lire bénéficient d'un soutien structurel
de l'Office fédéral de la culture pour les années 2016-2020.

Les Éditions La Joie de lire bénéficient du soutien
de la République et canton de Genève.